Luz Stella Mejía Mantilla

Etimológicas

TESSELLATA

Etimológicas
Segunda edición: Abril de 2021

Derechos reservados

©Luz Stella Mejía Mantilla
Diseño de portada: Santiago Mosquera

Library of Congress Control Number: 2019954157

ISBN: 978-1-7369492-1-4

TESSELLATA LIBROS
Virginia, EE.UU (USA)
Tessellatas@gmail.com

A la Tierra
y la tierrita: la pequeña, la real e imaginaria,
la de nacimiento y la de adopción,
la que nutre mis sueños y la que alienta mis miedos.

A todas las especies que han hecho habitable
esta roca flotante.
Perdón por el caos que dejamos.

Con amor para los especímenes que hacen adorable
este viaje intergaláctico.
Ellos y ellas sabes quienes son.

Tabla de Contenido

La varita mágica

La etimología de las palabras esconde historia y secretos que ayudan a estrechar los lazos que existen, o deberían existir, entre la persona y la lengua. Así visto, acercarse a la etimología de las palabras es como esgrimir una varita mágica para develar su evolución desde el origen, y tal vez hasta lograr descubrir su «valor de uso» — como lo denominara Karl Marx— en nuestros días.

Esa es la magia de la poeta Luz Stella Mejía Mantilla, en este imprescindible poemario: Etimológicas. En él, la voz lírica hace un recorrido poético por palabras de carácter definitivo —social y políticamente hablando— como lo son patria o tierra —que constituyen la primera, «Patria» y la tercera, «Tierra», parte del poemario—. En «Patria», el hablante lírico confronta al lector con poemas magistrales como «Esa paz que yo quiero», «Democracia» y *«Je suis Paris, never* Haiti», y en «Tierra», se destacan los poemas *«Ter-s*: Secar», «Subdesarrollo» y «Etiquetas».

Entre la primera y tercera parte del poemario, pasamos en la segunda parte, por el neologismo *'Matria'* — que ha sido ampliamente utilizado por comunidades de pueblos originarios como los aymaras, quechuas y mapuches y por escritoras feministas como Virginia Woolf—. En esta sección, los poemas *«Matria»*, «Símil» con sus poemas numerados del 1 al 7 sobre el tema de la violencia contra la mujer, a mi ver, resaltan —debo aclarar que nombro los poemas que en lo personal hicieron subir la emoción hasta el lacrimal y provocaron en mí el llanto—. Nombro sólo éstos, pero todo el poemario me parece una joya imprescindible.

El círculo se cierra volviendo a la tercera parte, «Tierra». Allí, el hablante lírico vuelve a usar su varita mágica para presentarnos lo que se esconde en el corazón del poemario. En el poema «Lo que somos», la voz poética expresa libremente: 'No somos sino los poemas que quedan'. En el poema «Pausa» denota la verdad en el interior de la Poiesis aristotélica: «No quieres morirte// Quieres Mor-Irte//Irte por un ratico». Morir sin morir, denota el proceso creativo. Platón define en El banquete el término Poiesis, como «la causa que convierte cualquier cosa que consideremos de no-ser a ser». En Etimológicas, esto se cumple cabalmente. No un *morire* definitivo y final sino, un morare, expresado por la voz lírica en el poema «Pausa», como «...un *morare*, morar//Demorarte en un no ser//Pero volver».

Además de la función literaria, estos poemas tienen una función didáctica y una misión difusora pues gracias a ellos se perpetúa la imagen. Lo político-social-climatológico guiado por la violencia ha explotado las etimologías de palabras como patria y como tierra. Luz Stella Mejía Mantilla, rescata la máxima del gramático Melampo en sus comentarios a Dionisio de Tracia (Gramática. Comentarios antiguos. Madrid, Gredos 2002) quien definía etimología como «la desmembración de las palabras mediante la cual se aclara la verdad». Luz Stella, poeta, empuñando la varita mágica de su hermosa poesía logra precisamente esto. La patria es pero no es. La matria es pero no es. La tierra es pero no es. Lo impedimos nosotros. Lo podemos salvar, rescatar, recuperar nosotros. Mientras tanto, queda la Poesía, quedan estos poemas como espacio salvador posible.

Juana Iris Goergen,
DePaul University, 2019

I
Patria

Del latín *patria*,
sentido implícito:
país del padre de uno.

Nostalgia

Del griego *nóstos*: regreso a casa,
del indoeuropeo *nos*: volver a salvo a casa,
y del latín *algia*: dolor

¿Cómo volver a salvo
al lugar de la infancia?
No es posible, ya no existe,
salvo en la memoria,
y sólo en la mía que recorre a solas
el mapa del pasado,
o tal vez sólo sueña que recuerda.
En la ilusión de la nostalgia
mi deseo traza
una nueva ruta cada noche,
con la urgencia
de evocarme amada y salva.

¿Cómo regresar
a la tierra de los sueños?
Tal vez no quiero regresar
sino inventarnos juntos
ese país futuro.

La nostalgia es infinita:
No es dolor de patria ausente,
es duelo del regreso imposible.

A qué volver

Regreso a mi casa abandonada.
Ahora vuelvo a abrir su puerta
que dejé cerrada un día.
Encuentro los vidrios empañados
las paredes derruidas.
No queda nada.
La hamaca rota no mecerá recuerdos
ni la dulce siesta lenta de la tarde,
ni el bullicioso columpio de juegos.
No vine a desempolvar memorias
ni a abrazar el pasado:
Ya no existe.
Sé que miraré las fotos en sus marcos
y no veré el brillo de los ojos,
ni los labios extenderse para mí en una sonrisa.
Sólo veré el gesto adusto y lejano
de aquellos que no conocí y
no me quisieron cuando creí en palabras.
No vine a oler la leña,
las brasas frías,
vine a matar fantasmas,
a romper cadenas,
a llorar mi muerte.

De regreso

Vuelvo a viajar por esos territorios.
Ya los tenía marcados en mi mapa:
¡Peligro! ¡no pase!
camino sin salida.
Vuelvo como turista,
pensando que es más fácil
tener el corazón ligero y un boleto de regreso.
Vuelvo como mujer,
con la arrogancia de quien cree
que las cosas de niñas son pequeñas,
pasadas, olvidadas.
Pero me engaño.
Cuando pisas de nuevo
la región de la infancia,
vuelve la niña encandilada.
De nuevo ves la muerte como un bálsamo.
Sabes de qué lado caminan tus *amigas*.
Cuando vuelves al lugar de tu dolor
nunca sales igual a como entraste.
Esa que entró conmigo, muere.
La que sale es otra diferente,
más sola, más dura, menos necesitada.
Me miro a los ojos y me gusta
la falta que no me hace la mentira.

Desesperanza

> Del latín *dis*: no; deshacer.
> del latín *spes*: creencia de que es
> probable que se consiga lo que se desea,
> del indoeuropeo *spe*: aumentar,
> ampliarse, prosperar.

Seguiríamos creyendo
que es posible la paz.

Si no fuera porque
han cerrado los caminos
y quemado los libros
y entronado la mentira
para deshacer lo andado.

Esperanza

> Del indoeuropeo *spe*: aumentar,
> ampliarse, prosperar

Yo seguiré poniendo la esperanza
en el lugar correcto,
que es amplio
y cabemos todos
y podemos juntos.

Nunca estará en los labios apretados
que niegan la verdad.
Siempre en los ojos
que miran más allá del perdón.

Yo seguiré poniendo la esperanza
en el lugar correcto.
Siempre en el futuro,
que te incluye
pero te excede.

Nunca en la orilla,
sino en el río
que nos separa
y nos une.

Somos más.
Mira cómo tus hijos nadan hacia aquí.

No esperes mi llamada

El mundo se ha partido
y ya no hay manos unidas
que aguanten sus pedazos.
Ayer los abrazos valían,
las sonrisas contaban,
mi amor era real.
Hoy sólo quedan
los actos verdaderos
y las palabras limpias.

1.

Podría aún llamarte
pero
dónde pongo el dolor de saber
que no puedes
no quieres
hacer tuya el hambre y la sed
de esos muertos tan pequeños
que no alcanzaron a imaginar
su vida.

No puedes
No quieres
llorar con las mujeres
que soñaron sus hijos en futuro
y encontraron en cambio
las botas falsas
y la piel ajena.

No puedes
No quieres
Sentir los pies pesados
después de caminar días, meses, años
con los siete millones
que llevan su casa a cuestas
pero han perdido su hogar.

Podría aún llamarte
pero nada puedo decir
cuando mis palabras te traspasan
y mi amor es de pobre.

2.

Podría aún llamarte
pero
dónde pongo el dolor
de saber
que nunca serás tú
quien marque mi número.
Que mi recuerdo lo guardas
en ese cajón donde no están tus semejantes
mientras mis memorias corren
como cronopios tristes
que han perdido el candor.

Lo que eras entonces,
eres al otro lado de la línea.
Ya no puedo disculparte
y tu no puedes excusarte.

Tu imagen de ahora
se funde con aquella.
El espacio entre ambas
era mi deseo imaginándote.

No has cambiado.

3.

Podría aún llamarte
pero
no puedo
abrir mis brazos
          —como quieres—
a los árboles enjutos
con ramas rojo-sangre
donde te posas con los carroñeros.
Pájaros que se esconden en palabras sucias,
y no se manchan con actos.
Niegas las boronas al modesto gorrión
mientras aplaudes a quien trina
sentencias de muerte.

Duelo

No es duelo por los muertos
algo que ya pasó, murió, finiquitó.
No.
Es el dolor constante
por lo que se pierde:
poder hablarte, que me escribas,
tu amistad, las ganas de volver.

No lloro sólo por los muertos
sino por lo que queda al descubierto
tu no saber
y el no querer saber
Tu no querer
y el no querer querer.
El pensar de tantos:
«esa gente no merece perdón,
esa gente pobre, sucia, negra, india,
por dios, que se queden donde están»

Ya no me llames.

Ciudadana de Tercer(a clase) Mundo

Cómo saber si quien me escucha
en la tienda, en el taller, por teléfono
en el café, el restaurante, en la calle…
Es algún adorador de rifles
un orgulloso dueño de automáticas
un odiador profesional
un cabecirrojo emulador
del pájaro naranja
      —que grazna
         derramando babas tóxicas—.

Cómo saber si quien me atiende
se considera la medida perfecta de las cosas,
guardián del progreso,
recipiente de sabiduría,
portador de la civilización.

Cómo saber cuando hablo
con mi lengua trabada
mi acento extraño,
mis palabras cambiadas
Si el otro sólo me dará su ceño
su interrogación
O
su reprobación
su ira
sus insultos
sus balas.

Tal vez si lo miro a los ojos
sabré por su mirada
si en su opinión
lo que soy, pienso y amo,
lo que escribo, hago y sueño
no vale nada.

Si para él la vida
se ha desperdiciado en mí
porque vengo del Sur
de la barbarie.

Mano firme

Dicen que se necesita mano dura
¿Les han dicho cuántas manos jóvenes
hundirán la dureza del plomo
en las entrañas?
Cuáles manos llevarán la muerte
Cuántas volverán a la caricia
¿Son los hijos de quien niega la paz
los que dañan sus manos con el fuego?
No, son las manos de tierra,
las manos de hambre
Las manos que no tienen nada que perder
las que lo pierden todo.
¿Qué pasará con las manos campesinas
si en vez de un azadón toman las armas?
No habrá pan en las manos de las madres
para llenar esas manitos ávidas.
Qué alimentos bendecirán
las manos en la mesa
Qué manos trazarán la señal de la cruz
sobre los muertos
¿De quién serán las manos que contabilicen
pérdidas y ganancias?
Tal vez se demoren mimando los billetes.

Desde qué lugar de tu conciencia
quieres que haya manos
que sigan repartiendo heridas
mientras las tuyas se entretienen
con las cartas en la mesa de bridge

sosteniendo la copa en el club
pasando cuentas de un rosario distraído.
Y las manos de los niños,
que empuñarán lápices
para rasgar pieles de papel,
escribirán la historia con su sangre.
Historia que no leerán los ojos de los infelices,
de los abyectos, cínicos y mezquinos
que rigen el destino de las manos
de un pueblo.

La paz es más

1.

La paz no está
en el fusil inmóvil,
ni en los gatillos mohosos,
ni en las fosas vacías.
La paz no está en los botas sin pies
tierra sin minas, camas sin llagas.

La paz está en el azadón,
surcos arados, campo sembrado.
La paz está en la historia real,
la verdad desarmada.

La paz está en los ojos en los libros,
dedos en el lápiz, papas en la mesa.
La paz es el agua libre, el agua limpia.
Es la vida de todos.

La
    Vida
        de
            Todos.

2.

La paz es mirar unos ojos ajenos,
muy ajenos
y encontrar un alma prójima.

La paz es asomarse a otro corazón
y encontrar mis abismos.

La paz es sentir tu estómago crujir
con el hambriento
y tu garganta gritar
con el doliente.

Saber que tú eres yo
sin tus excusas
y yo soy tú
sin mis pretextos.

3.

La paz es
cruzar tu ciudad y hacerla tuya
de sur a norte
de sol a sol
tuyos los huecos y los árboles
tuyos los niños de la calle
tuya la zona rosa y la zona de combate
el tugurio y la mansión
la tienda de ropa, los carros lujosos
los taxis locos y los buses humeantes
el trancón infinito
tuya la nube de polvo y ceniza
los bancos de ladrones elegantes
los ladrones en los bancos del parque
tuya la alcantarilla y el río hediondo
tuya la ciudad, su hambre y su hartazgo.
No es de otros
no son otros que caminan.
Eres tú
y esto es tuyo.

Que se oxiden las condecoraciones
de las guerras

En las filas
los cerebros soldados se despegan
y se llenan de música.
Pies sin botas bailan
ignorando las razones
que no les conciernen.
Se liberan las manos de fusiles
para abrazar y acariciar una piel.
Al fin han comprendido.

Esa Paz que quiero

Esa paz que queremos,
tú la quieres inmóvil,
yo la quiero revuelta,
desobediente,
que no se quede
haciendo fila muy derecha.
Que corra de un lado a otro
tocándonos a todos:
¡Tú la llevas!
Todos la llevamos,
o no se vale.

Esa paz que queremos,
tú la quieres útil
yo la quiero fructífera,
Que las cosas y personas
(esas otras cosas)
no se queden donde las pusieron.

Esa paz que queremos,
tú la quieres a la fuerza,
con violencia,
sin permiso.
Yo la quiero consentida
con sentido,
valiente,
rebelde,
hermosa.

Tú la quieres ciega,
excluyente,
codiciosa,
bravucona,
armada.

Yo la
quiero ineludible,
necesaria,
continente,
total.

Esa paz que yo quiero
y tú… no quieres

Reconstrucción

Cómo resucitar a una paloma muerta
sin tirarle a las escopetas.
Cómo decirle a los cazadores:
¡Se equivocaron de presa!
Cómo dejar de llorar
sobre sus restos abatidos.
Cómo salir de la fosa,
si sabemos que no habrá
manos tendidas ni brazos dispuestos.

Construyo una escala de bemoles tristes,
para alcanzar una mayor,
un sostenido.
Subo por las palabras de los otros,
Schopenhauer, Nietzsche,
(A veces no hay más remedio
que estar de acuerdo con los perros,
no cuando ladran a las caminantes,
sino cuando aúllan en la noche con ellas).
Con mis peldaños de libros
vuelvo a ser libre.
Cojo aliento en Yourcenar,
Sor Juana y Galeano.
Me alimento de Beauvoir,
Barba Jacob y Bonnet.
Me impulso en un fragmento de poema
con Peri Rossi:
Tal vez llueve también en tu ciudad
"y quizás tengas

el teléfono a mano
que no usas
para llamarme."
Me dejo sublimar por la belleza
para flotar como vapor de lágrima,
y salir de la fosa,
de la tumba,
de este cementerio de palomas.

Romper y quebrarse

Del indoeuropeo *rump*: romper, arrebatar.
Del latín *crepāre*: crujir, romper con estrépito.

Rompen acuerdos
arrebatan paces
y derechos.

Algo se quiebra adentro.
Estallido sollozante
Ya no hay más…

Privilegios

Su peor dilema
es escoger la foto del perfil:
Nunca sabrán
lo que es sobrevivir a un holocausto.

¿Polarizar?

Mandamos palomitas
de paz.
Otros odian
y pueden mandar muerte
en pájaros virtuales.

Democracia

Cuando cifras tu esperanza
en los que saben
y al final,
como siempre,
ganan los que pueden.

Despolarizar

Yo he ido de mi izquierda a mi derecha
y me he quedado en mi seno:
allí donde la vida se derrama a chorros.
He viajado a los polos de mi tierra
donde el frio yermo entrecierra mis ojos
y en la extensa blancura incesante,
no hay nada.
Me quedo en los trópicos y zonas templadas,
donde corren libres los colores,
donde todos cabemos y podemos.

Empatía

Cruza un día tus fronteras
y habítame.
Ven a ver el paisaje desde mi ladera,
vas a vestir mi piel y a caminar mis pasos.
Desamarra mis nudos y peina mis recuerdos
que mi dolor te estrujará desde tu entraña
y sólo así podrás llorar mis lágrimas.

Lot o su mujer

Qué difícil
tener que hablar del tiempo:
qué calor hace,
sonreír,
esta humedad,
me preguntan que si el cabello,
que el maquillaje,
no puedo responder
si zapatos o sandalias
cuando tengo en mi cabeza
botas y pies descalzos.

Qué difícil
no poder mirar atrás
a mi país en llamas.
Ser estatua incólume
de sal,
cuando adentro
sólo mar
sólo lágrima.

Congoja

> Del latín vulgar *congustia*: angostura,
> angosto, calidad de estrecho.

Entre todas las posibles miradas
la mía se estrecha y enfoca
en ese punto,
ese instante
en que hubiéramos podido
derrotar la noche.

Se habían abierto senderos,
crecían flores en las veredas,
pero cabalgamos la mentira
y elegimos seguir la muerte
por la angostura.

No hay sol,
solo camino y lastre:
Sombría garganta
surcada de abismos.

Desánimo

> Del latín *dis*: no, deshacer, hacer lo contrario de,
> y *animus*: alma, espíritu, aliento.

Sin aliento,
no respiro.

El alma huye,
me deja sola.

Símbolo patrio

> *«¡Oh, gloria inmarcesible!*
> *¡Oh, júbilo inmortal!*
> *En surcos de dolores*
> *El bien germina ya.*
> *…La humanidad entera,*
> *Que entre cadenas gime,*
> *Comprende las palabras*
> *Del que murió en la cruz».*
>   Himno Nacional de Colombia

País de dolor inmarcesible
y júbilo inmoral.
En surcos de sangre
y fosas sin nombre
hemos germinado
y somos lo que somos.
No cesará la horrible noche,
no amanecerá la libertad
hasta que comprendas las palabras
de quien mataron en la cruz.

Je suis Paris, never **Haiti**

> «*Adieu mon petit pays*
> *Adieu ma famille*
> *Adieu mon île, ô Haïti,*
> *adieu ma petite terre*».
>
> Raphael Haroche, canción *Adieu Haiti*

A todos los países, regiones y pueblos
invisibles.

Hay países invisibles.
Tienen ciudades y calles
y seres invisibles que los pueblan,
y niños invisibles
que visten de azul y rosa,
ríen y nadan bulliciosos,
cantan y bailan
y no importan.
Sufren sus tragedias invisibles
que el mundo no comparte,
que sólo en su tierra menuda
se sienten.

A veces nos alcanzan sus lamentos:
repiqueteo de la lluvia en la ventana,
mientras el fuego crepita en el hogar
y el perro duerme cálido a los pies.

A veces vislumbramos los fantasmas
en fotos que desaparecen de los diarios.
Nunca veremos los cuerpos
          —insepultos en ningún mapa—

en un lugar invisible que se viste de llanto,
un lugar tan cerca en la distancia,
un lugar tan lejos en querer.

Pero
Hay álguienes que lo extrañan y lo aman
y lo recuerdan.
Y hay nadies que lo lloran y lo viven
y lo mueren.

II
Matria

Si fuéramos justos
debería ser
el país de la madre de uno.
La tierra donde nacimos
de nuestra madre,
la que nos enseñó ella
a querer con sus abrazos,
la que aprendimos a añorar
con sus recuerdos.
El pedacito de paraíso perdido
de nuestra infancia
en su regazo.

Herencia

Herencia: Recibir caracteres de un
antepasado.
Del latín *haerere*: pegarse,
permanecer adherido.

1.

Mi madre está adherida a mí.
O más bien
Yo sigo adherida a mi madre.
Mis actos la recrean
porque le pertenecen,
en ella nacieron y yo los ejecuto.
Soy su prolongación.

Hay tantas palabras
pegadas a su boca,
palabras sin sentido
de fuego y furia.
Palabras viejas
que al trasponer el tiempo
se vuelven poderosas,
se atan a mi lengua
dispuestas a incendiar la selva,
a despertar doncellas.

A salir del dragón
en llamarada.

2.

Soy hija de la furia,
del río incontenido.

Mi madre no quiso ser más dique.
No más esclusas que detienen
el torrente de ofensas
a su madre, a su abuela,
a todas sus mujeres ancestrales
el agua de las lluvias las cubrió
en su continente.

Mi madre abrió compuertas
desatando el diluvio.

Mi madre ardió su vida
calcinando el regreso.

Diez años

¡Cuántas cosas pasan en diez años!
Se crean y deshacen países,
comienzan y parece que terminan guerras,
desaparecen islas,
se extinguen delfines y leopardos.

Quinientos millones mueren en diez años
y nacen mil millones.
Inundan valles, construyen murallas,
rompen represas, se caen puentes,
queman mil bosques,
y secan ríos.

Colapsan minas y gobiernos,
se derraman combustibles y palabras tóxicas.
Tiembla la tierra millones de veces.
Tiemblan los tiranos sin caerse.
Se forman cientos de huracanes y protestas.
Los extremos renacen
y volvemos a empezar una Edad Media.

Qué son diez años en la vida de un niño:
Toda su vida.
En diez años aprende a caminar y a trepar,
a leer y a elegir,
a sumar y dar gracias,
a escribir y a abrazar.
Aprende a pedir perdón
aunque nunca lo haga.

¡Cuántas cosas pasan en diez años!
Pero el dolor de decir adiós no pasa
Ni duele menos no poder hablarte.

Aunque soy lo que tú hiciste
y eres mi habitante vitalicia,
te extraño, mamá.

Símil

Del latín *similis*,
del indoeuropeo *sm-alo-*:
de la misma clase de *sem*: uno mismo

¿Qué tienen en común
Una bebé de 6 meses
Una niña de 2 o 7 o 12 años
Una universitaria en un bar
Una joven caminando sola
Una señora en coma
Una anciana con demencia
y una mujer de cualquier edad,
en cualquier circunstancia,
con cualquier vestido,
en cualquier lugar?

1. Canción de cuna

Arrorró mi niña que tengo que hacer
lavar los pañales y hacer de comer
limpiar la casita, trapear y barrer
fregar y planchar, traer, recoger.

Llevar a tu hermano, comprar la comida
y *servirle* a toda mi linda familia.

Te dejaré un rato con este señor
mi primo mi amigo mi hermano mi amor
espero que entiendas tesoro, mi sol,
nunca supe el daño, te pido perdón.

2. Niña dormida

> Niño dormido en el florido huerto
> una cosa tan sólo aún es más bella:
> niño despierto.
> Estrella.
>
> Gerardo Diego

Niña dormida en cualquier parte
una cosa tan sólo aún es más bella:
niña despierta…
Estrella, lucero, angelito ¡Despierta!
¡Despierta! ¡Despierta!
te quiero despierta
Cuando venga el tío, el abuelo, el padrastro,
en casa del primo, el amigo, el vecino,
te quiero despierta.

3. Hipnotizada

Me gusta Kant con su razón pura.
Le gusta Nietzsche, Supermán y Cortázar.
Me dijo que soy tan lista.
Le gustan mis ojos cuando hablo del cosmos,
mi boca diciendo Libertad y Justicia.
Hablamos por horas en el bar
pensé
Por fin lo he encontrado.
"Eres una de las mujeres
más inteligentes que conozco..."
No dice persona, dice mujer,
me conformo
me enamoro.
Despierto entre brumas
No sé qué pasó
Ayer fue sólo un sueño
¿O fue una pesadilla?
Recuerdos dispersos
Dolores nuevos
en sitios secretos
guardados con celo.
No entiendo.
Vergüenza expuesta
Silencios
¿Por qué?

4. Sola (con amigas) en la calle

¿Por qué no le hice caso a mi mamá?
Nunca debí venir a este concierto sola.
Nunca debí venir a este concierto
Nunca debí venir
Nunca debí
Nunca

A este concierto sola
¿Sola?
Una + Una = ¿Cero?

5. En coma

Soy un costal:
Vegetal y huecos.
Nadie lo sabría
si no fuera
por la otra vida
que llevo dentro.

6. La segunda infancia

No recuerdo.
No puedo contarte
lo que me pasa.
Me duele.
Alguien puso esas llagas
entre mis piernas.

Arrorró mi niña,
despierta, despierta.

7. *Sem*: Uno mismo

No les pasa a ellas
Nos pasa a cada una
A todas
A una misma.

For real

No aceptaré mi excusa:
Las uvas no están verdes.
No me inflaré de autoamor estéril.
Cada palabra, cada acto
se cincela en mi piedra.
Puedo medir mi angustia
y recorrer mi lucha:
no son infinitas.
Te he escuchado por siglos,
y ahora tú te aquietas,
mi paciencia te ata,
mis palabras te alcanzan.

Pero no es suficiente.

Esta ave de fuego,
atrapada en mi pecho,
tendrá que salir
rompiendo el mundo.

Cuentos de inclusión

Los lobos vuelven a tomarse el bosque,
aúllan ahítos de sangre y sexo.
Son los importantes,
tan llenos de sí mismos,
tan rodeados de ellos mismos
que no ven más que sus hocicos.

Los zorros vuelven a alborotar el monte,
han sido otra vez desdeñados por los lobos,
han sido ninguneados,
despreciados,
ignorados,
!No es justo!

!Sí! —gritaron los perros—
!No es justo!
Los lobos siempre nos ignoran,
nosotros también queremos Ser.

¿Y estos qué se creen?
      —dijeron los zorros—
pobres idiotas igualados.

Vaina

Del latín *vagina*: funda envoltura

1.

A mi madre no le gustaba
que dijera «vaina».
El diccionario me decía
que era una funda, una cáscara,
un contratiempo, una molestia
y un sujeto inútil y despreciable.
Yo no entendía
que hay palabras
que no se dicen,
no por feas:
Sus raíces cuentan una historia,
entendemos qué fue primero.

Algunos no quieren
que veamos,
que la vaina no es la espada intrépida,
sino su funda,
no es el fruto,
sino su empaque.
Un estuche vacío.

Un objeto inútil y despreciable.

Mejor seguir teniendo
envases listos para sus semillas.

Pero ellos no saben,
no se dan cuenta,
que nosotras
no somos sólo vaina,
ni surco listo para su siembra.
Somos semilla y campo y nicho.

Somos el árbol
y corre la savia
por nuestras venas
y vive la sabia
— la madre la tierra —
en nuestro cuerpos.

2.

Dicen los que creen
que dios nos creó del hombre,
de su costilla.
Muchos no se contentan
con creernos su copia.
Piensan que la costilla
no fue materia prima
sino modelo:
Somos su vaina.

Para los que creen,
dios nos creó
como envoltorio:
Un estuche.

Su dios hombre nos ha creado,
no a imagen y semejanza,
sino como el molde
vaciado
de sí mismo.

Tus mitades

Eres
tanto el que corre
como el que espera.

Animal veloz
y criatura quieta.

No fuiste sólo
quien se abrió paso
en vericuetos orgánicos.
Fuiste también
quien aguardaba
con placidez
la llegada.

No fuiste sólo
un campeón
que sorteó obstáculos
y llegó a tierra inerte.
Fuiste esa tierra viva
y germen y hábitat.

Recuerda no todo es correr y ganar,
también es sentarse
y tejer el nicho.

Eres
Tanto el que rompe las puertas
Como el que permite entrar.

III.

Tierra

«Tercer planeta del sistema solar
donde habitamos los seres humanos.
Parte superficial de este planeta
no ocupada por el mar.
Materia desmenuzable de que se compone
el suelo natural.
País, región, territorio.
Del Latín *Terra*,
del indoeuropeo: *ter-s-a-*, tierra,
parte no sumergida
De *ter-s*: Secar.»
Diccionario Etimológico

Tierra

Tierra es allí donde nacimos:
Pedazo desmenuzable de suelo matrio
Terruño donde un hogar nos cobijó primero
País feliz o triste de nuestra infancia
Territorio seco nadando entre mares
Hermoso planeta agua que nos soporta
y un día nos echará de sus dominios.
Como a un enjambre de Nautilus silúricos.
Como a un cardumen de peces acorazados.
Como a una horda de subvalorados dinosaurios.
Como una manada de dientes de sable.
Somos el sexto intento fallido de inteligencia.
La Tierra se sacude,
como quien desilusionado de sus retoños
menea la cabeza en un gesto triste.

Ter-s: **Secar**

Quizás su nombre
profetiza su destino:
Morir de sed,
cuando hayamos secado
sus arterias.

Desarrollo

> Del latín *des*: hacer lo contrario de,
> *arrollar*: envolver en forma de rollo.

1.

Debería ser
desenredar nudos
arreglar lo que se atascó,
estirar la fibra de la vida.
Pero el desarrollo es,
en realidad,
fracturar y
aplanar.

2.

Yo no quiero
desenrollar los pasos
apartarme del centro
perder el hilo que me ata
a la tierra.

Tumbar el bosque
para preservar semillas
en bancos estériles.

Secar los ríos
para cargar baterías
y escuchar en digital
el sonido del agua.

Patentar la vida
para sembrar muerte.

Desarrollar
es alejarse del corazón.

Subdesarrollo

> Del latín *sub*: debajo de
> *des*: hacer lo contrario de,
> *arrollar*: envolver en forma de rollo.

1.

Dibujantes antiguos
delinearon la tierra
con la fe de sus padres.
Arriba: el cielo de su dios
Abajo, al sur, muy hondo:
El infierno.

El mundo se ordena
en su mente,
en el mapa
y en los decretos reales.
Arriba los que tienen,
los que saben,
los que mandan.
Abajo los salvajes,
que no entienden
y no pueden.

Porque así se ha ordenado
su vida desde siempre,
hasta en la alcoba.

2.

En cualquier punto de la esfera terrestre
en la que somos
      — flotando en el espacio infinito —
arriba siempre estarán las estrellas,
abajo vive la única piel de la tierra,
alrededor, hacia los tantos rumbos
de la rosa de los vientos,
el aire que respiramos
todos.

3.

En el espacio vacío en que giran
el mundo, el sol y la galaxia;
en las fluctuaciones del universo,
¿qué es arriba?
¿qué es abajo?

Subdesarrollado

Que no llega al nivel *normal* de desarrollo.

Sinónimos:
Incapaz, impotente, frustrado,
atrofiado, tarado, inferior

1.

Y qué nombre le pondremos,
materile rile ro
Le pondremos subdesarrollado
materile rile ro

Con qué derecho nos han nombrado
Con qué diestro y siniestro propósito
¿Has visto caballos bucear en la corriente?
¿Has soñado cóndores al galope?
¿Hay jaguares que juegan en el prado
saltando entre macetas y rosales?
¿y águilas cansadas
arrastrando cargas por las calles?

Quien gana la carrera en una pista
no la gana en el agua ni en el aire.
Deja que traigan los caballos al río
que naden con bufeos y pirañas
y entonces me dirás quién
es el incapaz.

2.

Poetas Náhuatl
que no sabían de métricas
Filósofos andinos
que no leyeron a Platón
ni discutieron de Unos
ni Noúmenos.

Crees que hablo
desde mi ignorancia
en realidad hablo
desde mis raíces
y tú no me entiendes
desde tu ignorancia.

3.

El mundo va
No se sabe a dónde
Corren los países
No se sabe a dónde
ni por qué...
Pero unos siempre
van detrás.

4.

En la loca carrera hacia ninguna parte
los que no corren son llamados perdedores
inferiores
incapaces.
En el bello paseo de la vida
caminan lento
y son aventajados
Saben más de sí mismos y su entorno.
Pueden caminar el bosque
y detenerse a admirar el dulce musgo.

Entienden que correr
es llegar más pronto al precipicio.

5.

De pronto las cabezas desarrolladas
giran
y su mirada se posa
en el inmenso mercado verde,
la prodigiosa fuente,
la despensa natural del Sur.

Tal vez entonces rueguen
por cordura.
La sobriedad que no tuvieron
la demandan ahora.
La avaricia que agrietó su tierra
no puede seguir tornando el verde
en ocre estéril.

Tal vez ahora entiendan
que no hay oro
para los vencedores
solo vida
para quien deja la carrera.

6.

En la oscuridad temprana
se mece al vaivén de su labor.
Echa las redes
una vez
dos veces
¿cuántas?
las suficientes.

¿Para qué más?

Vive su día
minuto a minuto
No acumula
No le falta
Le sobra tiempo
Le basta la vida.

7.

El río las reúne en una obertura
de risas y secretos.
Enjuagan en su cuerpo
las luchas de ayer
y remojan los sueños de la tarde.

Caminan entre el bosque
y sus sembrados.
Saben de cada hierba
su nombre y su propósito
y pueden llevarlas a su fin
de traer sustento,
de llevar sosiego.
Comparten sus saberes
y deberes
mientras cantan la vida
lentamente.

La nueva historia

Se llaman a sí mismos vencedores
y escriben la historia
con plumas extranjeras
y sangre de los otros.

Desde siempre
Magdalena muere entre las piedras,
las Venus son sacrificadas,
sabias curanderas arden en llamas,
sabios hechiceros descabezados,
de los Hunos a los Celtas,
del desierto de Gobi
a las arenas de Egipto,
de los magos de oriente,
a los "falsos" profetas
          — etiqueta para quien ama
                    al dios equivocado —
Los caciques y chamanes desterrados
por lo que otros codician.
Los pueblos expoliados y esclavizados
para crear imperios.
La historia se ha contado con palabras feroces
cuchillos que decapitan las verdades.

No les han dicho
que no hay vencedores
si la guerra aún no ha terminado.
Que las brujas y chamanes dejaron sus semillas,
que Magdalena brota en los sembrados
y ya no hay dioses viejos ni nuevos que vengar.

La historia se escribirá
con manos enlazadas
y savia de los árboles.
Con palabras antiguas y hermosas.
Aquellas salvadas de la hoguera,
las que hemos perdido en selvas y desiertos,
las que nos robaron en templos y palacios.
Aquellas que dejamos tiradas entre el polvo
y las que arrancaron con carne y sangre.
Las palabras que olvidamos y las que ignoramos,
las que aprendemos cada día.
Las propias
y aquellas que dejaron en la casa
los inquilinos que se fueron sin pagar.
Las palabras necesarias para abarcarnos
llenas de ternura,
que puedan contar lo que somos
desde nosotros mismos.

Monstruos

Hay sitios sagrados
protegidos por seres candorosos.
Hay almas sensibles
que encuentran las entradas secretas
del remanso.
¿Cómo llegaron entonces
los cuerpos toscos,
los ojos hachas,
las manos midas,
las bocas sierras,
a devorarlo?

El paraíso perdido

Volvemos a perder el paraíso
no necesitamos un dios que nos expulse
aún en el Edén hay consecuencias
         —no te saltarás las leyes naturales—
Parece que extinguimos nuestro cielo
pero la tierra se transforma y vive:
ya será el paraíso de la próxima especie.

Hemos puesto al ángel
                      con su espada de fuego
guardando la entrada
Sólo para entender que el ángel
ha incendiado el bosque
y protege el paraíso de nosotros.

Arde el mundo
¿Cuántos días tendrá
para llorar cenizas?
Desnudos
nos alejamos despacio
hacia el olvido.

Frente a la bestia

Arde el mundo.
Tal vez
con el cañón apuntando al pecho
todavía podría pensar en la gramática,
en etiquetas rotas y obsoletas,
en patriarcado velado en sutileza,
micro violencias cotidianas,
condescendencias de orcas en piscinas.

Tal vez
estaría deseando haber pactado
con quienes no empujan ni halan ni se mojan:
            —no vienen con chorlitos a dar
                    pequeños saltos al borde de la ola—
No hacen nada,
salvo trinar desde las ramas bajas
soñándose en halcones.

Tal vez frente al disparo,
erguida la cabeza, diría:
o se salvan las tildes y las comas
o no vale la pena el mundo.

Tal vez de pie frente a la bestia
sigamos separándonos en palabras prestadas:
la tuya es mas colonia que la mía
que llegó mucho antes.

Pero hay momentos en que es mejor
un tsunami de seres diferentes:

pulpos y corales,
plancton y delfines,
ascidias y medusas.
Todos en una ola feroz
de agua oceánica
que arrase con las ruinas
hediondas de la playa
y deje nuevo el mundo,
oliendo a sal marina,
            a vida
recién salida de su concha.

Etiquetas

1.

Todos somos originarios de algún sitio
y somos descendientes de un migrante.
No se han quedado quietos los homínidos
no se han quedado solos ni inmutables.
Por siglos se han amado y combinado
sus salivas, semillas y su sangre.
Todos remontamos el hilo de la herencia
hasta un lugar del África insondable.
Al final, es la Tierra nuestra patria
y ser humano nuestra raza y nuestra estirpe.

2.

Deja de cuadricularme en tu celdilla.
El pensamiento corre libre
o no es pensado,
tan solo proyectado
en películas de horror
para tus miedos.
No puedes exprimir lo que no entiendes
como quien quiere naranjas sin su jugo.
No puedes recortar lo que no cuadra
ni arrancar las páginas que te incomodan.
El libro es completo o no es el libro.
El todo siempre es más que
añadir partes.
Deja de clasificar al mundo
con etiquetas rotas y obsoletas
Todos somos un poco delirantes
todos vamos con dolores viejos
Heridos, derramamos sangre
verde, azul o roja
¿Qué importa?
Igual se pierde
Igual se muere
Amamos, desamamos y olvidamos...
y volvemos a amar.
Tenemos un pie en la aurora
y otro en el ocaso
la cabeza rozando las estrellas,
las palabras fraguando un sol para mañana
giramos en la Vía Láctea
y vamos hacia todas partes.

Espirógrafo

No tienen que decirme que vivo
en esta esfera flotante que gira sobre sí misma
y da vueltas alrededor del sol,
mientras sigue la espiral loca
de la Vía Láctea,
galaxia que corre desesperada
persiguiendo las estrellas del universo.
Si la tierra tuviera un pincel
pintaría sobre el lienzo negro
del espacio
esa danza loca
de abejas,
círculos, espirales
Fibonacci en fuga.
¿Qué nos quiere decir?
Una mandala espacial
de proporciones galácticas.

No tienen que decírmelo,
que la tierra es redonda
Y viaja a velocidades supersónicas
Estratosféricas
Inimaginables
Lo siento cada mañana al levantarme,
ese mareo,
Car-sick
Sea-sick
Life-sick
¡Paren la vida que me quiero bajar!

La lentitud

Me gusta caminar despacio entre los árboles
respirando la mañana en su profuso recital de voces.

Pero
¿por qué la vida pasa
rauda atropellándome?
¿Por qué acelera en curvas
y se sale de la línea,
rozando los abismos?
¿Por qué escoge
los caminos
más tortuosos,
de lodo profundo?
Le gusta exponerse
allí
donde nadie más se atreve.
A veces me digo
I don't have what it takes.

Déjame demorarme en esos ojos,
alejarme despacio caminando
mientras vierto su recuerdo en un poema.

Polvo de estrellas

Estamos hechos
de polvo de estrellas
creados por cometas
desde el cielo.
Formados por la materia
de la primera explosión.
Nuestros átomos son viejos
       —Miles de millones de años—
Y han viajado lejos
       —Miles de millones de años luz—

En esta tierra,
en el corto suspiro de tiempo
que nos extingue
en apenas un año de Urano,
nos deshacemos en miseria.
Polvo sucio debajo
de las camas.
Podredumbre en sanitarios
fastuosos
Sudores salados
en ropas de moda.
Salivas, lágrimas y flujos
enjugados en cortes caros.

Algún día los trapos de marca
en que nos disolvemos
serán los átomos de nuevos mundos
donde nadie sabrá que fuimos.

Sólo quedan
            —por un par de vueltas más—
lo que hemos dejado en otros:
Las palabras
Los actos
Los abrazos.

Lo que somos

Al final no soy más que un cuerpo
soñando que escribe, piensa y hace.
Un cuerpo que duerme su vida.

Al final solo importa la poesía:
el sueño de esta mujer que vive
en el sueño de este cuerpo
que se descompone.

Al final son las palabras enlazadas
las que viven, se leen y perduran.
No somos sino los poemas que quedan.

Selección natural

Lo saben nuestros músculos y huesos.
Lo entiende el corazón, lo intuye el vientre.
Está escrito en los genes:
No evolucionamos aniquilando.
No crecemos sobre otros cuerpos derrotados.
No es la lucha entre los más
machos, fuertes,
Alfa.
Es la supervivencia de los más pequeños,
de los heridos, los vulnerados
el triunfo de la especie.

El color del mar

Por debajo del agua
Estamos
Por debajo de todo
Nos ahogamos
Con el peso de la vida
Nos ahogamos
Bajo el color del mar

Método

Internarse
y no mirar
hacia atrás.

Correr, correr
en círculos
hasta el camino
perder.

Errar por el
alto bosque frío
hasta morir.

Pausa

Quieres morirte
Desaparecer
Encontrar el refugio
al fin
Quieres morirte
No sentir
No pensar
No hacer
No ser

Quieres morirte

Pero quieres estar
Ver
Pertenecer
No quieres morirte
Quieres Mor-Irte
Irte por un ratico
No *morire*, morir
Sino *morare*, morar
Demorarte en un no ser
Morir sin morir
Pero volver

Agradecimientos

A Mafalda y Yourcenar, a Galeano y Benedetti, a Tagore y Khalil Gibran, a los poetas del mundo náhuatl y a los filósofos andinos, a Gabriela Mistral y sor Juana Inés de la cruz, a Mercedes Sosa y Piero. A la Pola y a Manuela Beltrán. A todas las mujeres que vivieron su vida en una llama. A los hombres que no se adjudicaron todos los méritos. Gracias por dejar tanto.

A Jeff —por hacerse cargo de su parte y, tantas veces, de la mía— y a mis hijos Nico y Alex. A Juana Iris Goergen, de la Universidad DePaul por su lectura detallada y bello prólogo, a Santiago Mosquera por captar tan vívidamente el sentido del libro y plasmarlo con arte en la portada. A Joan Ignasi Elias, por su guía y comentarios.

Gracias a los compañeros poetas lectores Lázara Ávila y Ricardo Vacca por su tiempo y comentarios.

A mi mamá por todo y por siempre.

Acerca de la Autora

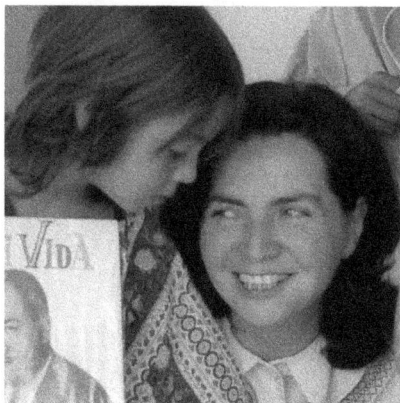

La autora, de niña, con su madre, Stella Mantilla
(Foto Carlos E. Mejía M.)

Luz Stella Mejía es escritora, editora y bióloga marina, profesión que ejerció en Colombia hasta que decidió radicarse en Estados Unidos. En la actualidad vive en Virginia, cerca de Washington D.C., donde trabaja en la biblioteca pública y en su editorial Tessellata. Su libro de poesía *Palabras sumergidas* ganó mención en el Premio Especial Festival Internacional Savannah 2019.

Ha publicado varios poemas y relatos cortos en antologías y medios, como en la *Agenda Mujer Colombia*, en la antología *Tic Tac* de la Escuela de Escritores de España, y en diversas revistas digitales. Su poema «Esa paz que quiero» obtuvo mención en el concurso Mil Poemas por la Paz del Mundo.

TESSELLATA

"Hard times are coming, when we'll be wanting the voices of writers who can see alternatives to how we live now, can see through our fear-stricken society and its obsessive technologies to other ways of being....We'll need writers who can remember freedom – poets, visionaries – realists of a larger reality."

«Se acercan tiempos difíciles, cuando querremos las voces de escritores que puedan ver alternativas a cómo vivimos ahora, que puedan ver a través de nuestra sociedad aterrorizada y sus tecnologías obsesivas otras formas de ser... Necesitaremos escritores que puedan recordar la libertad – poetas, visionarios – realistas de una realidad más amplia».

Ursula K. LeGuin